Le XVIᵉ siècle est l'époque de la conquête des mers, des grandes découvertes. Jusqu'alors, les Européens ne pouvaient atteindre les Indes et la Chine que par terre. Sur les routes des épices, de l'or et de la soie, les caravanes chargées de richesses étaient souvent attaquées par les Turcs. En 1492, le navigateur Christophe Colomb fait le pari de parvenir aux Indes par l'ouest, puisqu'un astronome, Copernic, prétend que la Terre est ronde. Il ignore qu'un continent encore inconnu va lui barrer le chemin.

Depuis cette découverte de l'Amérique en 1492, Espagnols et Portugais s'enrichissent en se partageant l'océan Atlantique et les terres inconnues qui le bordent: en 1497, Vasco de Gama trace la première voie maritime des épices en contournant l'Afrique. En 1519, Magellan passe par le sud des Amériques et accomplit le premier tour du monde. La même année, Cortès débarque au Mexique, pille l'or de l'empire aztèque et rebaptise le pays Nouvelle-Espagne. En 1532, au Pérou, Pizarre anéantit l'empire inca…

En 1534, c'est au tour de François Iᵉʳ de s'intéresser à l'aventure. Lors d'un pèlerinage au Mont-Saint-Michel, il rencontre un navigateur expérimenté, le Breton Jacques Cartier, et lui confie une expédition digne du royaume de France: trouver un passage plus direct par le nord de l'Amérique pour atteindre les Indes et la Chine, et conquérir de nouveaux territoires. Il va falloir deux ans au capitaine Cartier pour armer ses navires. Mais le plus difficile est le recrutement de soixante hommes d'équipage en pleine période de pêche.

© 2006, l'école des loisirs, Paris
Loi n° 49.956 du 16 juillet 1949 sur les publications destinées à la jeunesse:
septembre 2006
Dépôt légal: septembre 2006
Imprimé en France par CLERC S.A.S. à Saint-Amand-Montrond

Maryse Lamigeon (texte)
et François Vincent (illustrations)

Les voyages de JACQUES CARTIER

à la découverte du Canada

D'après le récit de Jacques Cartier
«Voyages au Canada»

ARCHIMÈDE

l'école des loisirs

11, rue de Sèvres, Paris 6ᵉ

Dans les tavernes du port de Saint-Malo règne l'effervescence des veilles de départ.

— T'as signé, toi, pour le bout du monde ?

— Bien sûr que oui ! répond Thomas, le mousse. Je vais enfin connaître autre chose que la Bretagne.

— Et tu t'en réjouis ! grogne un vieux matelot.

— Des terres nouvelles ! De l'or ! L'aventure ! C'est quand même plus excitant que d'aller à Terre-Neuve pêcher la morue ! s'enthousiasme Thomas.

— L'aventure ? Une folie, oui ! Tu as entendu l'histoire du navigateur Verrazano ? Il n'est jamais revenu des Amériques. On dit qu'il s'est fait dévorer par les cannibales.

— De toute façon, bafouille Thomas, je n'ai plus le choix : on lève l'ancre à la prochaine marée.

Au matin du 20 avril 1534, le mousse salue ses amis.

– À bientôt, leur dit-il, la tête haute.

Pourtant, la conversation de la veille l'a troublé. Il a envie de pleurer.

Deux caravelles quittent Saint-Malo sous les ordres du capitaine Cartier, au service du roi François Ier. But de l'expédition : trouver un passage vers l'Asie par le nord du Nouveau Monde.

Thomas travaille jour et nuit. Il court à chaque appel des matelots.

— Viens m'aider à hisser cette vergue ! ordonne un maître. Et plus vite que ça !

— Tu as vu dans quel état est ce pont ? Tu vas me le nettoyer ! lui hurle un compagnon.

Au repos, ce n'est pas mieux : Thomas ne fait qu'entendre des récits terrifiants, des histoires d'hommes emportés par les tempêtes au fond des mers… Mais il pense à ses amis qui lui ont souhaité bon vent et à l'aventure qui l'attend…

Au bout de trois semaines, les voiliers atteignent Terre-Neuve.
– Diable ! dit Thomas, grelottant. Elles sont gigantesques, ces glaces. On dirait des montagnes. Et nos pêcheurs viennent jusque-là !

Plus loin, les matelots abordent dans une île qui ne figure sur aucune carte. Aussitôt le capitaine Cartier la baptise «l'île aux Oiseaux». L'aventure commence enfin.

Des terres inconnues, des noms nouveaux… et aussi une alimentation variée.
Les marins sont las de la morue séchée, des pois et des affreux biscuits.
– De la viande fraîche !
Ce soir-là, le cuisinier prépare un festin de pingouins…

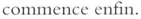

L'expédition continue sa route vers le nord-ouest. Ici, des îlots ressemblent à des forteresses. Cartier appelle l'endroit la «baie des Châteaux». Puis les caravelles longent des rivages couverts de forêts d'ifs, de cèdres et d'ormes blancs.

Fin juin, les matelots rencontrent une nouvelle île inconnue.

— Regardez-moi ces grands bœufs avec leurs dents, on dirait des éléphants ! On n'a jamais vu de pareilles bêtes ! s'enthousiasme le capitaine. Et là-bas ! Un ours gros comme une vache et blanc comme un cygne !

Thomas est inquiet. Pas trace de cannibales mais… ces animaux doivent avoir bon appétit…

Les marins débarquent pour se ravitailler. L'île est couverte de champs de blé sauvage, de rosiers, de groseilliers…

Puis les voiliers arrivent à un cap. Le fameux passage pour l'Asie ? Le navigateur part en

reconnaissance dans une chaloupe. Bientôt, il repère des embarcations.

— Droit devant ! On dirait des Indiens…

Thomas écarquille les yeux, son cœur bat, il croit rêver.

Comme ils progressent dans la baie des Chaleurs, les marins découvrent une cinquantaine de canots. À leur approche, leurs occupants agitent des fourrures.

— Retournons vite aux navires, ordonne le capitaine, ils sont trop nombreux !

Soudain, deux, puis cinq autres barques prennent la chaloupe en chasse.

— *Napou tou daman asurtat !*

Les Français ne comprennent rien au cri des Indiens. Affolé, Cartier fait tirer deux coups de couleuvrine au-dessus des canots. Effrayés par les détonations, les Indiens rebroussent chemin. Quel dommage! Leurs paroles voulaient dire: «Ami, ton semblable t'aimera…»

Les marins espèrent toujours trouver le passage vers l'Asie, mais ils butent sur de hautes montagnes et s'en vont mouiller dans la baie de Gaspé. Les vagues grossissent, deviennent énormes, c'est la tempête ! La corde de l'ancre d'un des bateaux se rompt.

– Allons nous réfugier en amont de la rivière ! ordonne Cartier.

Pendant deux semaines, le mauvais temps fait rage. Chaque jour, des Indiens venus pêcher le maquereau apportent du poisson aux Français…

Aux premiers rayons du soleil, Thomas descend à terre avec un groupe de matelots. Les Indiens sont là, vêtus de peaux de bêtes. Ils s'approchent, lui frottent les avant-bras et la poitrine, chantent et dansent en signe d'amitié.

— *Domagaya !* s'exclame l'un d'eux, la main sur la gorge.

Et il ôte sa fourrure de castor pour l'offrir au mousse.

— Je m'appelle Thomas ! répond le garçon en lui tendant son couteau.

Les deux peuples troquent ce qu'ils ont : chapeaux et clochettes en étain contre fourrures…

Pendant deux semaines, pour mettre les indigènes en confiance, les Français partagent leurs repas de poisson, pain de mil, prunes et figues.

Le 24 juillet, Jacques Cartier estime qu'il est temps de profiter de la bienveillance des Indiens. Afin de prendre possession des terres qu'il rebaptise «Nouvelle-France», il fait dresser à la pointe de Gaspé une immense croix chrétienne surmontée de l'écriteau «Vive le Roi de France».

Choqué, le chef indien Donnacona, vêtu de sa peau d'ours noir, et accompagné de sa famille, vient trouver les marins.

— *Damga !* dit-il d'un ton sec en désignant sa terre, et il se frappe la poitrine.

Le message est clair. Mais le capitaine Cartier est rusé. Il sait ce qu'il veut.

— Ce n'est qu'un point de repère dans l'océan ! ment-il à Donnacona. Venez, soyez mes invités à bord. Moussaillon ! va me chercher deux uniformes neufs, commande-t-il à Thomas.

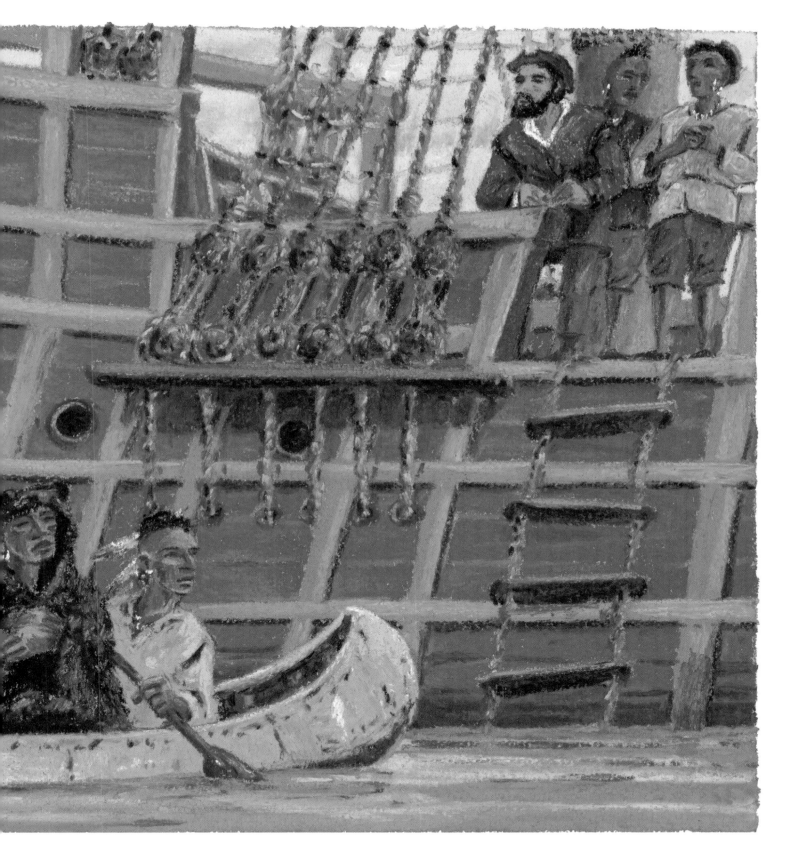

Domagaya et Taignoagny, les fils du chef, sont habillés en marins, et tous les Indiens conviés à un bon repas. Les voilà réjouis, aveuglés, trompés. Cartier propose alors à leur père d'emmener les deux jeunes Indiens à Saint-Malo et de les ramener dans un an.

— Larguez les amarres ! rugit le capitaine.
Après avoir salué leur famille, les deux
Indiens regardent, bouche bée, les marins
qui s'activent.
— Morbleu ! Vous n'allez pas rester les bras
croisés pendant tout le voyage ! gronde
Cartier.

Thomas risque une proposition :
— Capitaine, je peux leur apprendre mon
travail. Et aussi, je peux essayer de leur
apprendre à parler français.
— Tu ne manques pas de culot, moussaillon, ça me plaît. Occupe-toi donc de ces
sauvages.

Une fois au large, un maître d'équipage tend une brosse à chaque Indien.
– Faites-moi briller ce pont !
Mais Taignoagny et Domagaya croient que le marin désire être coiffé.

Furieux, l'homme les repousse. Les matelots éclatent de rire. L'air perdu, les Indiens échangent quelques paroles dans leur langue.
– Ils ne peuvent pas deviner ce qu'on attend d'eux ! s'indigne Thomas. Venez, mes amis !
Et il les entraîne pour leur faire visiter le navire et leur montrer comment nettoyer le pont avec lui.

Plus à l'ouest, au détour d'une grande île que le navigateur nomme Assomption, les voiliers pénètrent dans l'embouchure immense d'un fleuve.

— Voici peut-être le bon passage, les Indiens ont l'air de connaître les lieux, observe le capitaine.

Les navires commencent à remonter le fleuve que Cartier baptisera Saint-Laurent, mais ils sont vite arrêtés par des vents contraires. La mauvaise saison s'annonce. Il faut faire demi-tour et rentrer à Saint-Malo.

Durant les cinq semaines de traversée, Jacques Cartier suit les progrès des Indiens. Il n'a qu'une idée : pouvoir les interroger sur les richesses de leur pays.

Un soir, il sort de sa poche quelques pièces de monnaie.

– Elles sont en or, dit-il calmement. Mais ses yeux brillent.

– Or… royaume de Saguenay, articule Taignoagny.

Cartier l'encourage d'une tape amicale.

– Où se trouve ce royaume ?

Les Indiens restent muets. Thomas s'en mêle :

– Ils sauront bientôt vous le dire, capitaine, parole de mousse !

Le 5 septembre 1534, perché sur les haubans à la proue du bateau, Thomas clame joyeusement :

– Taignoagny, Domagaya ! Voici ma ville, Saint-Malo !
Les habitants se pressent sur le port. «Bienvenue à nos marins !» crient-ils.

Les Indiens ouvrent des yeux étonnés devant les hautes maisons de pierre et de bois, les toits de chaume, les chevaux dans les rues. Au lieu de s'approcher pour leur frotter les bras et la poitrine, les Malouins les dévisagent et les montrent du doigt.

— Chez nous, ce n'est pas la coutume, souffle Thomas. Les gens ont peur des inconnus.

Jacques Cartier emmène les Indiens sur les remparts où des aboiements résonnent.

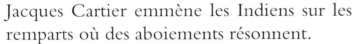

– Attention aux chiens du guet ! Ils sont lâchés pour garder la ville. Ne sortez jamais la nuit.

Puis le capitaine installe Domagaya et Taignoagny dans son appartement encombré de meubles et d'objets dont ils ignorent l'usage.

– Je ne vais quand même pas servir ces sauvages ! peste la domestique.

Mal à l'aise, à l'étroit, les Indiens préfèrent sortir au grand air avec leur ami Thomas. La construction des deux dernières tours du château de Saint-Malo les intrigue :

– Pourquoi bâtir une si grande habitation ? s'étonne Taignoagny.

– Les hommes puissants ont besoin d'enfermer leurs richesses, répond Thomas. Mais la question de son ami le fait réfléchir…

Avant l'hiver, Domagaya et Taignoagny sont emmenés à la campagne.

— Ils seront mieux ici, à Limouëlou, confie Cartier à Thomas. Nous allons profiter de la morte-saison pour leur apprendre le français. Au printemps, il juge le moment venu d'étaler sur la table la carte du monde la plus récente qu'il ait trouvée.

— Voici le continent européen, la France, le continent américain…

— Nous vous avons rencontrés à cet endroitlà, ajoute Thomas.

Jacques Cartier pointe de son index la partie du fleuve Saint-Laurent que l'expédition avait commencé à remonter.

— Là, mon peuple se réfugie l'hiver, dit Domagaya.

Puis l'Indien indique un point resté blanc sur le papier.

— Ici, la ville d'Hochelaga. Plus loin, le royaume de Saguenay.

— Il y a de l'or dans ce royaume, n'est-ce pas ? s'exclame Cartier.

Mais les deux Indiens refusent d'en dire plus.

Le lendemain, le navigateur est reçu par le roi François Ier. Les Indiens sont éblouis par le luxe qui entoure le monarque.

— Au Canada, que j'ai rebaptisé Nouvelle-France, ces sauvages connaissent un fleuve, dit Cartier.

— Le fameux passage vers la Chine ? demande le roi.

— Sûrement, Sire, j'ai vu la largeur de son embouchure…

— Pourtant vous n'avez rien rapporté, aucun métal précieux.

— Il me faut y retourner, Sire. Ces Indiens m'ont parlé d'une ville…

— Hochelaga ! confirme Domagaya.

— … et du royaume de Saguenay, où l'on trouve de l'or.

Le roi est convaincu. Il faut financer une seconde expédition.

Cartier aura trois nouveaux bateaux, meilleurs que les premiers : la *Grande Hermine,* la *Petite Hermine* et l'*Émerillon,* un équipage deux fois plus important et de quoi prévoir un hivernage.

Le 19 mai 1535, l'expédition appareille vers les Amériques.

Thomas et ses amis indiens, qui ont compris, à leur grand désespoir, ce que veulent vraiment les Français, embarquent à bord de *la Grande Hermine*.

Au bout d'une semaine, le temps tourne à la tempête. Vents contraires, obscurité… Les deux caravelles et la pinasse finissent par se perdre de vue…

Enfin, le 7 juillet, les voiliers se regroupent à l'île aux Oiseaux et repartent ensemble. La nuit, Thomas et Domagaya contemplent le ciel.
— *Siguehoham !* dit l'Indien.
— Les étoiles, traduit Thomas.
Jacques Cartier doit vérifier la position du navire :
— Moussaillon ! Mon bâton de Jacob !
Thomas et Domagaya observent ses gestes.

— Avec cet objet, il calcule la hauteur des étoiles pour savoir à quel endroit nous nous trouvons, explique le mousse. Dans sa cabine, il a encore d'autres instruments de navigation : un compas pour déterminer le cap, un astrolabe qui lui sert à mesurer la hauteur du soleil…

Le jour suivant, sur le chemin de Gaspé, les hommes sont en alerte. D'immenses gerbes d'écume soulèvent la mer.

– Un monstre ! gémit Thomas. Il vient droit sur nous !

– Il attaque la *Grande Hermine* ! s'écrie un maître d'équipage.

– C'est une baleine bleue, dit le capitaine. Elle n'est pas seule. Virons de bord, cap à l'est !

Taignoagny et Domagaya n'ont pas l'air surpris par l'animal gigantesque.

– Baleine bleue ? Notre peuple la nomme : *Ainnehonne !*

Début septembre, Taignoagny et Domagaya retrouvent enfin leur famille. Le chef Donnacona serre Jacques Cartier dans ses bras, en signe de joie et de confiance. Mais leur séjour à Saint-Malo a appris à ses fils à se méfier des Français.

Taignoagny se fait interprète :

— Mon père, Donnacona, seigneur du Canada, demande pourquoi vous portez tant de bâtons de guerre alors que nous n'en portons aucun ?

— C'est une coutume de notre pays, répond Cartier.

— Et votre artillerie ? Donnacona n'a jamais rien vu de semblable. À quoi sert-elle ?

— Venez, nous allons vous faire une démonstration.

Les Indiens s'assemblent sur le rivage. Soudain, dans une explosion tonitruante, douze canons crachent le feu depuis le plus imposant des trois navires. Les Indiens s'enfuient en hurlant dans les bois.

Dès le lendemain, les marins s'apprêtent à lever l'ancre. Donnacona, furieux et déçu de ce brusque départ, envoie ses sorciers prêcher un étrange sermon.

— On dirait trois diables, bredouille Thomas.

Taignoagny traduit au capitaine :

— Notre dieu Cudouagny a parlé. Si vous allez jusqu'à la ville d'Hochelaga et au royaume de Saguenay, vous trouverez tant de glaces et de neige que vous mourrez tous de froid !

À bord de l'*Emerillon*, Jacques Cartier, sans se soucier de la prédiction des sorciers, remonte le Saint-Laurent.

— Et si le dieu des Indiens nous avait jeté un sort ? frémit Thomas.

Le 2 octobre 1535, entourés de colonies d'oies sauvages, les marins atteignent de vastes terres labourées et cultivées de fèves, de pois, de céréales… Au loin, s'élève Hochelaga : ville étrange, ronde, clôturée de hauts piliers de bois, composée d'une cinquantaine de maisons longues.

Ils sont mille à chanter et à danser pour fêter l'arrivée des Français. Un Indien touche les cheveux de Thomas, un autre lui effleure le menton.

Le capitaine est stupéfait de l'activité qui règne là. Les femmes fabriquent le pain, sèchent le poisson, les hommes se préparent pour la pêche… Les Français sont accueillis comme des êtres surnaturels.

Pour sceller leur alliance, les Indiens échangent des cadeaux avec eux. Thomas tend un joli peigne à une jeune fille… Soudain, un indigène désigne le manche d'un poignard doré.

– Saguenay ! dit-il en indiquant le nord.

– De l'or au royaume de Saguenay ? Taignoagny m'avait déjà dit que je pourrais en trouver là-bas, jubile Jacques Cartier. Je suis sur la bonne voie.

L'hiver approche. Cartier doit rejoindre la crique où ses deux plus grands voiliers sont à l'abri. En son absence, ses hommes ont construit un fort pour se protéger des autres tribus indiennes en guerre contre Donnacona.

Dès la mi-novembre, les bateaux sont prisonniers des glaces. Bientôt, une terrible maladie se propage chez les indigènes. Les Français essaient de se préserver en leur refusant l'accès au fort.

Deux mois plus tard, Thomas aperçoit Domagaya lors d'un ravitaillement. Il a une jambe enflée, énorme.

– J'ai vu Domagaya. Il est très malade.

– Évitons-le, dit Cartier, sinon il nous contaminera.

Mais, à la nuit tombée, le mousse s'empresse de désobéir pour rejoindre son ami.

– Ne t'inquiète pas, dit Domagaya. Je vais guérir.

Pendant ce temps, les matelots s'effondrent l'un après l'autre. C'est le scorbut !

– Il y a des morts ! s'alarme le capitaine. Tapez sur la coque du navire pour faire du bruit. Les Indiens ne doivent pas nous savoir affaiblis.

Thomas tente de dresser un poing. Il est si fatigué que son bras retombe sur son corps frissonnant.

Dix jours plus tard, Jacques Cartier revoit Domagaya. Sa jambe a désenflé, il marche d'un pas alerte.

– Tu es guéri? Comment as-tu fait?

– J'ai bu le jus de l'arbre qui soigne, l'*anedda*.

– Nous tombons tous malades, avoue le capitaine. Même ton ami Thomas.

– Thomas ne va pas bien? Nous devons le guérir!

Aussitôt, Domagaya et son frère vont dans la forêt chercher de l'écorce et des feuilles d'épinette, qu'ils pilent pour en extraire le suc.

– Avale, mon ami, insiste Domagaya.

Le liquide coule lentement dans la bouche douloureuse de Thomas.

Au bout de deux semaines, les marins les moins atteints sont rétablis.

– Domagaya nous a sauvés! se réjouit le mousse.

Les glaces fondent peu à peu, le printemps est de retour.
– Il est temps de rentrer à Saint-Malo, annonce Cartier.
Le 6 mai 1536, Thomas voit s'éloigner la Nouvelle-France qu'il continue à appeler *Dagma*

par fidélité à ses amis. Cette fois, dix Indiens sont du voyage, dont le chef, à qui Cartier a promis une surprise.
– Au revoir, ami ! crient en chœur Domagaya et Taignoagny. Prends grand soin de notre père Donnacona !

ÉPILOGUE

Les années ont passé. Thomas est devenu un homme, un pêcheur de morue et un père de famille.

— En 1541, raconte-t-il à son fils Louis, un troisième voyage a ramené Jacques Cartier au Canada, cette fois sous les ordres du seigneur de Roberval. Cartier est parti en éclaireur et il a rapporté…

— Un trésor !

— Pas du tout ! L'or des fous ! Du fer brillant, des cristaux de quartz… Le trésor des Indiens était ailleurs que dans leur terre, soupire Thomas. Il était dans leurs cœurs.

— Et tes amis, papa, que sont-ils devenus ?

— J'ai honte quand j'y repense. On les a trompés de nouveau. Aucune surprise n'attendait ceux qui faisaient partie du deuxième voyage. Cartier les avait emmenés uniquement pour qu'ils décrivent, en détail, leurs richesses au roi. Ils ne sont jamais retournés chez eux. Ils sont tombés malades en France. Eux nous avaient soignés, accueillis en frères. Nous, nous les avons laissés mourir et nous avons profité de leur confiance pour piller leurs terres… Quant à Domagaya et à Taignoagny, je n'ai jamais pu avoir de leurs nouvelles. Mais ils resteront toujours dans mon cœur.

— Et le mystérieux passage vers la Chine ?

— Existe-t-il ? Sacrebleu ! C'est peut-être toi, Louis, qui le trouvera un jour. Au-delà des mers, je suis sûr qu'il reste quantité de merveilles et de peuples inconnus à découvrir. Notre époque est celle de toutes les aventures… À toi de prendre le bon bateau !

Jacques Cartier (1491-1557)

Statue de Jacques Cartier à Montréal, Québec, Canada.

Il est né en Bretagne, en 1491, à Saint-Malo. Probablement dès l'âge de treize ans, il embarque comme mousse sur des bâtiments de cabotage ou de pêche à la morue à Terre-Neuve. Puis il navigue sur des navires de commerce et voyage certainement jusqu'en Afrique. À vingt-trois ans, il épouse Catherine de Granges, la fille d'un chevalier du roi. Il devient matelot, navigue jusqu'au Brésil.

Fort de ces expériences, lors d'un pèlerinage au Mont-Saint-Michel, il est recommandé au roi de France par l'évêque Jean Le Veneur. François Iᵉʳ va lui confier une exploration au-delà de Terre-Neuve, afin d'atteindre le «Cathay» (les Indes et la Chine) et peut-être découvrir des terres nouvelles.

En 1534, Jacques Cartier entreprend son premier voyage de découverte. Il en rapporte une connaissance géographique de l'Amérique septentrionale et établit les premiers contacts avec les indigènes. Il repart l'année suivante. Cette fois-ci, il trouve le fleuve Saint-Laurent, se rend au village de Stadaconé qui deviendra la ville de Québec et remonte jusqu'à Hochelaga, site actuel de Montréal. Cinq ans plus tard, un troisième voyage le ramène au Canada, sous les ordres du seigneur de Roberval. À la poursuite de l'exploration s'ajoute une tentative de colonisation. L'expédition échoue, ce qui entraîne l'abandon, pour un temps, de la conquête française.

Le navigateur se retire alors, dans son manoir breton de Limouëlou où il tombe dans l'anonymat. Il est redécouvert au XIXᵉ siècle, par les Québécois, qui en font leur héros national.

Au temps des Grandes Découvertes

À partir du milieu du XVᵉ siècle et au XVIᵉ siècle, des inventions transforment la vie des hommes. Le papier remplace, peu à peu, le parchemin. En 1450, Gutenberg invente l'imprimerie. La guerre évolue avec l'invention de la poudre qui permet l'utilisation des premiers canons et arquebuses. L'astronome polonais Copernic bouleverse la vision de l'univers en prétendant que la Terre tourne autour du soleil. De nombreux navigateurs (Christophe Colomb, Vasco de Gama, Magellan…) s'élancent sur les mers grâce à des navires plus puissants, et explorent un nouveau continent. De nouvelles terres se dessinent sur les cartes de géographie. C'est la période où se forment les grands royaumes européens. Luther et Calvin fondent de nouvelles religions. Les artistes italiens adoptent un art inspiré de celui de la Grèce et de la Rome antiques et proclament la renaissance de l'intelligence, de la création et de la beauté. Vers 1502-1506, Léonard de Vinci exécute le célèbre portrait de Mona Lisa, la Joconde, et Michel-Ange peint, à Rome, la voûte de la chapelle Sixtine.

En France, le roi François Iᵉʳ fait construire de nombreux châteaux dans le Val-de-Loire et sa cour est brillante. Il s'entoure d'artistes français, flamands et italiens dont Léonard de Vinci. Cependant, son pays étant régulièrement en guerre, il tarde à participer aux aventures maritimes. Tout au long de son règne, il est en conflit avec Charles Quint, prince des Pays-Bas, roi d'Espagne et empereur du Saint-Empire romain germanique, qui veut conquérir toute l'Europe.

Un décret du pape datant de 1493 avait partagé «les territoires découverts ou à découvrir» entre l'Espagne et le Portugal. À cette époque, le pape avait une

Vue des remparts de Saint-Malo.

grande autorité temporelle. En 1533, sous l'influence de François Ier, le pape Clément VII modifie le décret. Ainsi, il ne concerne plus que «les continents connus et non les terres ultérieurement découvertes par les autres couronnes». Le chemin est libre pour les entreprises françaises en Amérique. L'année suivante, Jacques Cartier prendra possession du Canada au nom du roi de France.

LA NAVIGATION DE DÉCOUVERTE

Les navigateurs ont pu traverser les océans grâce à l'invention des caravelles. Destinées à la découverte, comme celles de Christophe Colomb ou de Jacques Cartier, elles étaient petites, d'une soixantaine de tonneaux et avaient, en général, trois mâts. Simple embarcation au XIVe siècle, la caravelle met environ cent ans à devenir un navire à la coque ronde, carré de poupe, arrondi de proue.

La *Grande Hermine*, le plus prestigieux navire commandé par Jacques Cartier, était une caravelle ronde d'environ cent vingt tonneaux, longue de trente-trois mètres, large de six mètres, armée de douze canons. Adaptée aux manœuvres par tous les vents, elle possédait deux voiles carrées et une petite triangulaire à l'arrière.

L'*Émerillon*, avec lequel Cartier a remonté le Saint-Laurent jusqu'à Hochelaga (Montréal), était probablement une pinasse, un bateau à fond plus plat, qui avance à voiles et à rames.

LES PRÉCURSEURS DE JACQUES CARTIER

Bien avant Jacques Cartier, de nombreux navigateurs avaient atteint les côtes de Terre-Neuve. Des dizaines de pêcheurs bretons, basques, charentais, normands, anglais, portugais, espagnols… avaient longé cette terre et même pénétré plus loin. (Jacques Cartier avait repéré un morutier de La Rochelle dans le golfe du Saint-Laurent).

Les Albins, peuple de Grande-Bretagne refoulé par

François Ier
tableau attribué à Jean Clouet, Musée du Louvre

les Vikings, seraient arrivés les premiers.

Des ruines datant de l'an mille et découvertes en Amérique du Nord, témoignent du passage des Vikings. Venus de Norvège, de Suède et du Danemark, ils naviguèrent au Moyen Âge jusqu'en Islande, puis de l'Islande au Groenland avant de gagner ce nouveau continent.

Dès le milieu du XVe siècle, des navires européens, capables d'aller jusque dans le golfe du Saint-Laurent, rapportent de Terre-Neuve des pêches miraculeuses de morues. Les marchands, à la recherche d'une voie plus directe vers les Indes, sont intrigués par les récits des pêcheurs.

En 1497, cinq ans après le voyage de Christophe Colomb, l'Italien Jean Cabot, armé par des marchands de Bristol, est envoyé en exploration par le roi d'Angleterre Henri VII. Il découvre officiellement les côtes de l'Amérique septentrionale. À son retour, il en décrit les paysages et l'abondance des bancs de morues.

La lutte s'engage entre la France et l'Espagne. Le premier à partir sera le Florentin Verrazano, en 1524, pour le compte du roi de France. Armé par des banquiers lyonnais, il explore les côtes de Terre-Neuve et du Labrador sans trouver le passage espéré vers l'Asie. Lors d'un second voyage, ses hommes d'équipage rapportent qu'il s'est fait dévorer par des cannibales dans une île des Caraïbes. Jacques Cartier appareillera dix ans plus tard.

RENCONTRES AVEC LES AMÉRINDIENS

À l'arrivée de Jacques Cartier, trois nations se partagent le territoire qui deviendra le Québec : les Inuits dans le Grand Nord, les Algonquins et les Iroquoiens (Hurons-Iroquois). Ils y vivaient depuis longtemps. Des archéologues ont retrouvé des outils de pierre, vieux de dix mille ans.

Les Indiens rencontrés dans la baie des Chaleurs, étaient des chasseurs Micmacs de la tribu des Algonquins. Jacques Cartier troquait avec eux des fourrures de castor, instaurant les premiers échanges commerciaux officiels avec les Indiens. Ces derniers avaient commencé à pratiquer ce troc avec des pêcheurs de morue bretons, basques, charentais…

À la recherche de richesses, le navigateur explora la région du Saint-Laurent, habitée, en partie, par la tribu sédentaire des Iroquoiens. Sur 200 000 km², l'Iroquoisie recouvrait la province du Canada jusqu'à la partie actuelle de l'État de New York.

Dans ses carnets de voyage, Cartier décrivit les villages, les coutumes et nota des mots de la langue indigène. Cent mille individus étaient regroupés en vingt nations. Depuis un millier d'années, ils étaient agriculteurs et produisaient essentiellement du maïs, des haricots, des courges et des citrouilles. Les femmes s'occupaient des tâches agricoles et contrôlaient le pouvoir politique des hommes. Ceux-ci pratiquaient la chasse, la pêche et le commerce. Ils troquaient leurs fruits et légumes avec les chasseurs algonquins. Les Iroquoiens habitaient dans des hameaux de quatre à quinze habitations, protégés par une haute palissade. Leurs maisons longues, sans fenêtres, multifamiliales, logeaient jusqu'à cinquante personnes. La ville d'Hochelaga en comprenait une cinquantaine.

Ces Indiens croyaient aux esprits. Ils pratiquaient l'égalité, la solidarité et ils n'étaient pas attachés aux biens matériels. Cependant, ils se mettaient souvent en guerre afin de mesurer leur valeur.

Cartier a découvert une civilisation structurée, mais qui ne possédait aucune richesse. Le chef d'Hochelaga était vêtu comme les autres. Il se distinguait, uniquement, par un bandeau orné de piquants de porc-épic.

À la fin du XVIᵉ siècle, la traite des fourrures avec les Européens bouleversa la vie des Amérindiens. Ils délaissèrent la chasse et la pêche pour devenir trappeurs. Maladies et alcool, introduits par les Blancs, anéantirent des villages entiers.

Le Canada et le Québec

Canada : de l'iroquois «Kanata» qui signifie village.

En 1534, Jacques Cartier découvre officiellement le Canada en prenant possession des terres au nom du roi de France. C'est le début de l'implantation française en Amérique du Nord, dans la Nouvelle-France appelée Canada (région actuelle du Québec).

La ville de Québec, construite sur le village iroquois de Stadaconé, est fondée en 1608 par Champlain. Il y installe le premier comptoir permanent du commerce des fourrures. En 1642, la ville de Montréal, bâtie sur le site d'Hochelaga, est fondée par Chomedey. Le

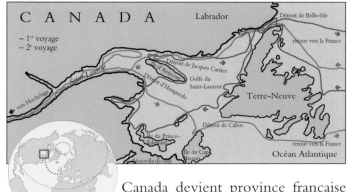

Canada devient province française en 1663, sur décision de Louis XIV.

À la fin du XVIIᵉ siècle, les colons français installés en Nouvelle-France sont environ seize mille et les Anglais quinze fois plus nombreux sur le continent. La métropole française se désintéressant de ses colons, l'immigration cesse. La guerre éclate, déclenchée par les Anglais. La ville de Québec se rend en 1759. Quatre ans plus tard, la France doit céder sa province du Canada à la couronne britannique. La ville de Québec donne alors son nom à une province qui, de nos jours, fait partie de la confédération canadienne, mais a conservé son identité, sa langue, et cultive ses racines françaises.

Le Québec (trois fois plus grand que la France), est la plus vaste province du Canada avec 1 667 926 km². Il a un climat continental, et arctique uniquement dans l'extrême nord.

Du nord au sud, trois régions naturelles se distinguent :
– Le bouclier canadien formé par les plus vieilles montagnes du monde.
– Les Appalaches composées de monts et de petits plateaux.
– La plaine du Saint-Laurent où se concentre la majorité de la population. C'est la région que Jacques Cartier a découverte en remontant le fleuve. Ses terres fournissent une production agricole diversifiée. Le fleuve, lieu de pêche, regorge de poissons, maquereaux, saumons… et attire dans son estuaire les phoques, les baleines, les dauphins… Plus de cent espèces d'oiseaux cohabitent, dont l'oie des neiges, le canard, le pluvier siffleur, le fou de Bassan… Ses forêts composées de conifères, pins et de feuillus, bouleaux, érables, trembles… abritent le castor, la loutre, le raton laveur, le cerf de Virginie…

La flore et la faune de cette région en font sa richesse.

43

GLOSSAIRE

Amarres: cordes, câbles qui servent à retenir un navire en l'attachant à un point fixe.

Appareiller: quitter un mouillage, un port.

Armer (un navire): l'équiper avec des vivres, des munitions… pour prendre la mer.

Artillerie: matériel de guerre.

Assomption (île de l'): premier nom donné à l'île d'Anticosti par Jacques Cartier qui l'a découverte le jour de l'Assomption.

Astrolabe: cercle de métal gradué, utilisé pour mesurer la hauteur du soleil et déterminer la latitude.

Aztèques: peuple guerrier de l'ancien Mexique, ayant le culte du soleil. Ils ont bâti un empire qui fut anéanti en 1521 par les Espagnols conduits par Cortès.

Baleine bleue: mammifère marin, cétacé, le plus gros animal de la planète, il peut atteindre vingt-cinq mètres de long et peser cent cinquante tonnes.

Cannibale: homme ou animal qui a l'habitude de manger des êtres de sa propre espèce.

Carguer: serrer les voiles contre un mât ou une vergue.

Cèdre: conifère qui peut atteindre quarante mètres de haut et dont le feuillage s'étale en nappes horizontales.

Compagnon (marinier): marin qui a fini son apprentissage.

Conquistador: aventurier espagnol parti conquérir l'Amérique au XVIe siècle, attiré par la richesse.

Cortès, Hernan: (1485-1547) conquérant espagnol du Mexique qui envahit l'empire aztèque et fit exécuter son dernier empereur. Il fut nommé gouverneur de ce pays par le roi d'Espagne Charles Quint.

Couleuvrine: petit canon allongé.

Épinette: nom donné au Canada à l'épicéa, grand arbre voisin du sapin pouvant atteindre quarante mètres de haut. (On n'a jamais su réellement quelle plante avait permis de soigner l'équipage de Jacques Cartier.)

Étain: métal d'un blanc argent.

Fou de Bassan: grand oiseau marin blanc, aux doigts palmés, qui pêche en se laissant tomber sur les poissons.

Guet: autrefois, surveillance de nuit dans les villes.

Haubans: cordages, câbles servant à maintenir les mâts par le travers ou par l'arrière.

Hivernage: temps que les navires passent en relâche pendant la saison des pluies ou des glaces.

Hochelaga: en amérindien, signifie «lac des castors». Nom de l'ancien village indien qui occupait le site actuel de Montréal.

If: arbre à feuilles persistantes en aiguilles, toxique pour l'homme et l'animal et qui peut devenir très vieux.

Inca (empire): fondé au XIIIe siècle au Pérou et anéanti au XVIe par le conquistador Pizarre. Son peuple maîtrisait parfaitement le travail de l'or, de l'argent, du cuivre et de l'étain.

Laiton: alliage de cuivre et de zinc, de couleur dorée.

Mouillage: lieu où un navire jette l'ancre.

Orme blanc: ou orme des montagnes, arbre à feuilles dentelées et dissymétriques.

Pèlerinage: endroit où se rend un pèlerin, personne qui va visiter par dévotion un lieu consacré.

Pinasse: bateau à fond plat.

Pizarre, (Francisco Pizarro 1475-1541): conquistador espagnol. En 1530, il débarque au Pérou et s'empare par la ruse de l'empire inca, condamnant à mort le roi Atahualpa. Lors d'un désaccord entre les conquérants, il fut assassiné.

Proue: avant du navire.

Ravitailler: pourvoir un navire de vivres, de munitions.

Saint-Laurent: fleuve de l'Amérique du Nord, long de 3 800 km et qui se jette dans l'océan Atlantique. (Voir Canada et Québec.)

Saint-Malo: ville bretonne rattachée à la France en 1491. À partir de cette date, la navigation malouine connut une grande renommée, les rois de France y recrutèrent les meilleurs corsaires. Son port fut également un refuge pour de nombreux bateaux assurant la pêche à Terre-Neuve.

Scorbut: maladie due à l'insuffisance de vitamine C dans l'alimentation.

Soie (route de la): piste de caravanes qui traversaient l'Asie depuis la Méditerranée jusqu'au centre de la Chine. Elle dut son nom à la principale marchandise transportée.

Terre-Neuve: province de l'est du Canada qui englobe l'île de Terre-Neuve et, sur le continent, le nord-est du Labrador.

Tribord: côté droit du navire en regardant vers l'avant.

Vergue: longue pièce de bois disposée en croix sur l'avant des mâts. Elle sert à porter la voile qui y est fixée.

Verrazano, Giovanni: (1485-1528) explorateur italien. Au service de l'armateur dieppois Jehan Ango, il reconnut l'estuaire de l'Hudson et navigua jusqu'à Terre-Neuve. Lors d'un second voyage, il disparut dans une île des Antilles.

Vigie: matelot chargé de surveiller la mer de tous côtés depuis un endroit élevé d'un navire.

BIBLIOGRAPHIE:

Braudel, Fernand et Mollat du Jourdin, Michel «Le Monde de Jacques Cartier: l'aventure au XVIe siècle» Berger-Levrault 1984 Paris, Libre-Expression 1984 Montréal

Cartier, Jacques «Voyages au Canada» François Maspero 1981 Paris (La Découverte)

Cucari, Attilio «Les grands voiliers du Moyen Âge à nos jours» éditions Elsevier Séquoia 1978 Paris-Bruxelles (Un multiguide marine)

Lailler, Dan «Le bateau de Jacques Cartier» Berger-Levrault 1984 Paris (Leçons de choses)

Ouellet, Marie-Claude «Le Saint-Laurent, un fleuve à découvrir» préf. Hubert Reeves, Les éditions de l'Homme 1999 Montréal

Pierre, Michel «Dictionnaire de l'Histoire de France» Casterman 2003 Tournai (4e édition)

Renault, Philippe et Didier, Nathalie «Bonjour le Québec» Les créations du Pélican 1995 Lyon (Guide pour voyageurs curieux)